《童眼》识天下 百问百答

植物王国

ZHIWU WANGGUO

央美阳光/绘编

化学工业出版社

·北京·

U0314701

图书在版编目（CIP）数据

童眼识天下百问百答. 植物王国/央美阳光绘编.
—北京：化学工业出版社，2019.9（2022.3重印）
ISBN 978-7-122-34752-7

Ⅰ.①童… Ⅱ.①央… Ⅲ.①科学知识-儿童读物
②植物-儿童读物 Ⅳ.①Z228.1②Q94-49

中国版本图书馆CIP数据核字（2019）第124646号

责任编辑：王思慧 谢 娣 　　　　　　　　　　　　装帧设计：史利平
责任校对：宋 玮

出版发行：化学工业出版社（北京市东城区青年湖南街13号　邮政编码100011）
印　　装：北京宝隆世纪印刷有限公司
889mm×1194mm　1/20　印张4　2022年3月北京第1版第3次印刷

购书咨询：010-64518888　　售后服务：010-64518899
网　　址：http://www.cip.com.cn
凡购买本书，如有缺损质量问题，本社销售中心负责调换。

定　价：22.80元

　　大眼睛，转啊转，我们身边的世界真奇妙！不仅多姿多彩的大自然有秘密，神秘莫测的宇宙有故事，就连生活中的衣食住行也蕴含着很多大道理呢！亲爱的小朋友，看着一个又一个有趣的现象，你的脑海里是不是会不由自主地冒出很多问号："它们究竟有什么奥秘？我怎样才能找到答案呢？"别着急，《童眼识天下百问百答》来到你身边啦！有了这把神奇的钥匙，很多问题会迎刃而解。

　　《童眼识天下百问百答》里有许多个有趣的"为什么"，还有上千幅呼之欲出的精美手绘彩图。它们将带你畅游知识的海洋，让你足不出户就能拥抱星球，亲近自然，了解鸟兽鱼虫、花草树木以及衣食住行的神奇奥秘。还等什么？快跟着《童眼识天下百问百答》去不同的科学世界走一走、看一看吧！相信在这次旅程过后，你就能成为科学"小百事通"啦！

　　世界上有许多千奇百怪的植物，花儿能散发出好闻的气味，树能长得比十几层的楼房还高，就连草儿也有生存的"法宝"……植物王国的秘密真是不少！小朋友，你是不是很想变成一个小植物学家，为身边的家人和小伙伴解答各种关于植物的难题呢？有了《植物王国》这本书，你就能到植物世界去"旅行"，了解更多关于植物的有趣知识啦！还等什么？这就开始吧！

目录 mu lu

花草

树木

瓜果蔬菜

花草

　　牵牛花为什么在早晨开放？为什么蒲公英的种子是毛茸茸的？跳舞草为什么会"跳舞"呢？……小朋友，你一定很好奇这些花草怎么会有这么多有趣的"行为"吧？这其中蕴含着很多自然规律，快来跟我们一起寻找答案吧！

人类为什么离不开植物？

人类离不开植物。你知道这是为什么吗？植物能进行光合作用，吸收二氧化碳，释放氧气。不仅如此，植物还是包括人类在内很多动物的食物来源呢！人类呼吸、补充能量都离不开植物的帮忙。如果哪一天植物灭亡了，人类也就很有可能从地球上消失。所以，我们一定要爱护环境，爱护花草树木。

大多数植物的叶子为什么是绿色的？

有的植物生长在原野中，有的植物生长在山谷里，有的植物生长在水中，有的植物生长在沙漠里。不管在哪里，它们的叶子大都是绿色的。这是因为植物的叶片里含有一种叫叶绿素的东西。当阳光照射到叶片上时，叶绿素会吸收光线中的蓝色、红色以及其他颜色的光，把绿色的光反射出去，这样我们看到的植物就是绿色的了。

植物的茎为什么总是向上生长呢？

不论是花草树木，还是田地里的庄稼，都是从地下钻出来不停地向上生长的，这是为什么呢？原来，植物的生长离不开阳光。它们需要不停地吸收阳光进行光合作用制造养料，满足生长的需要。为了吸收更多的阳光，植物只好使劲儿向上生长。

花儿为什么能发出香气？

　　花儿绽放的时候，大都会散发出香味。不要以为香味是从花蕊里散发出来的，其实真正能散发香味的是花瓣。花瓣含有一种油细胞，会分泌带有香味的芳香油。芳香油很容易挥发。当花儿开放时，芳香油就会挥发到空气中，这样我们就能闻到花香了。不过，也有一些花儿不用这种方式散发香味，它们的细胞里面含有一种叫配糖体的物质，这种物质本身没有香味，可是一旦经过酵素分解就能散发出香味来。

为什么颜色艳丽的花儿香气却很淡？

　　花儿依靠颜色和气味吸引昆虫传播花粉。有的昆虫闻着气味寻找花粉，有的昆虫喜欢在颜色艳丽的花儿上采集花蜜。一般来说，颜色艳丽的花香味比较淡，因为它们主要是靠颜色来吸引昆虫传播花粉，用不着挥发太多香味。但是，那些颜色不鲜艳、花瓣比较小的花就要使劲儿散发香气，因为只有这样才能吸引昆虫靠近，帮助它们授粉。

牵牛花为什么在早晨开放？

　　早上阳光柔和，空气湿润，牵牛花体内的水分很充足，于是一朵朵艳丽的花朵争相开放。可是到了中午，阳光越来越强烈，空气变得干燥起来，娇嫩的牵牛花因为缺少水分，就会悄悄地合上"小喇叭"，这样就可以保护雌蕊不受强光和高温的伤害。

为什么夏天的中午不能浇花？

夏天的中午往往酷热难耐。这时候，植物根系吸收的水分和叶片蒸发的水分差不多一样多。如果这时给植物浇水，土壤的温度就会突然下降，根系受到低温的刺激，吸收水分的能力会马上减弱，而叶片的气孔仍然张开着，水分仍然被不停地蒸发，这样植物很容易因为缺水而死亡。所以，夏天的中午最好不要给植物浇水。

用来浇花的水有什么讲究？

小朋友，你要知道，浇花的水也是有讲究的。一般来说，洁净的雨水、河水比较适合浇花。我们常用的自来水里面含有氯，这种物质是不利于植物生长的。但是，我们找不到其他水怎么办呢？别担心，自来水放置几天，里面的氯就会挥发掉，这时就能用来浇花啦！

为什么废弃的屋顶上会长出小草？

　　生活在郊外或农村的小朋友一定会注意到，有些很长时间无人居住的房屋，屋顶上往往会长出小草。小草是怎么爬上屋顶的呢？原来，这是小鸟朋友帮的忙。小鸟吃了小草的种子，飞到屋顶上休息，结果种子就随着小鸟的粪便落在了屋顶上。除了小鸟，还有许多榆树、杨树、蒲公英等靠风传播种子的植物，它们的种子也可能飘到屋顶上。如果屋顶长时间没人打扫，就会有尘土，再来点儿雨水的话，那么种子很容易生根发芽，长成小草。

为什么说草类家族
不全是"小个子"?

　　跟随爸爸、妈妈去植物园玩耍，或者去野外郊游，你是不是觉得草儿们又矮又小呢？其实，草类家族也有许多"大个子"。作为禾本植物的竹子可以长到 30 多米高呢！旅人蕉也毫不逊色，大部分能长到 20 多米。而禾本科植物如高粱、玉米，也可以长得很高。还有藤本植物中的爬山虎，能爬上七八楼高。所以说，又高又大的草儿也是很多的。

为什么蒲公英的种子是毛茸茸的？

蒲公英的花是由很多朵小花靠在一起组成的。蒲公英开花后，每朵小花会结出一粒种子，种子上面长着一簇毛茸茸的白毛，看起来就像撑着一把小伞。一阵风儿吹来，蒲公英的种子便能撑着"小伞"，纷纷飞向远方。

为什么有的植物种子
喜欢粘在人和动物的身上？

　　有些植物种子身上长满细细的刺，比如苍耳、鬼针草。这类种子很容易粘在动物的毛上或人们的衣裤上，从而被带到别的地方，完成家族的传播任务。如果生长环境较好，到了第二年春天，这些种子就会萌发新芽，长出新苗。

11

仙人掌生活在沙漠里，不会被渴死吗？

　　仙人掌是著名的热带、亚热带沙漠植物。它们的根系很发达，可以吸收地层深处的水分。它们的肉质茎和退化成刺的叶，既能够储藏很多的水分，也能防止水分蒸发。它们还有一种特殊本领，每当旱季到来就开始"休眠"，靠储藏的养分维持生命。等到雨季到来，它们会立刻醒来，大量地吸收雨水和空气中的水分，并迅速开花结果，繁殖后代。正是因为这样，仙人掌才能在干旱的沙漠中世世代代地生活下来。

为什么仙人掌全身长满了刺？

在自然界中，大多数植物是用根系从土壤里吸收水分，满足生长的需要，而最后大部分水分会从叶片的气孔里蒸发掉。仙人掌生活的地方干旱少雨。为了保存身体里的水分，仙人掌只好把叶子变成一根根又尖又硬的刺，这样水分就很难被蒸发掉了。再有，尖尖的刺也是防止动物吞食的自卫武器。

骆驼刺为什么能在沙漠里生存？

和仙人掌不同，骆驼刺之所以能在沙漠中生存下来，是因为使用了"变身术"。瞧，骆驼刺长得又矮又小，这样需要的养分少，被蒸发掉的水分也少。再看看它的根系，真是太长了，深深地扎入土壤中，能吸收到更多养分和水分。当吸收的养分总是多于被消耗的养分时，骆驼刺就能顺利地活下来啦！

14

含羞草为什么会"害羞"？

真奇怪，只要用手指轻轻碰一下含羞草的叶子，它们就会立刻把叶子合拢，低下"头"来，就像害羞的小姑娘。这是因为含羞草的叶枕里含有充足的水分，当叶子被触碰后，叶枕里的水流向两边，叶枕中间就会瘪掉。叶子失去支撑力后，自然就会垂下来了。

含羞草为什么被称为"气象预报员"？

碰一碰含羞草的叶子，如果它们快速合拢，就说明今天是晴天，因为晴天时空气中水分较少，含羞草很敏感。如果叶子慢慢地合拢，就说明今天会下雨。下雨前空气闷热、潮湿，水分充足，于是含羞草就会变得比较迟钝。

所以说，含羞草称得上天然的"气象预报员"。

为什么向日葵喜欢跟着太阳走？

向日葵的茎部含有一种非常怕光的生长素。阳光照射时，这种生长素会跑到见不到阳光的一面，结果使得背光一侧的生长速度加快，向光一侧的生长速度减慢。这样，向日葵的茎秆会失去平衡，便弯向了有阳光的一面。

百里香为什么能在干旱的环境中生存？

在辽阔的草原上，我们时常会发现百里香的身影，它们能散发出一种与众不同的香料味，因此也被称为"山胡椒"。草原气候比较干旱，为什么百里香能在这里生存下来呢？告诉你吧，百里香虽然是半灌木，但是个头比较矮，茎能沿着地面匍匐生长，上面的不定芽可以萌发出许多根系。这些不定芽的根在地下组成庞大的根系网，帮助百里香及时获得所需的养分。所以，发达的根系就是它们的生存法宝。

曼陀罗真的有毒吗？

　　曼陀罗一直是一种很神秘的植物。小朋友，你知道吗？在西方神话故事里，外表美丽的曼陀罗总是与生死有关，充满恐怖色彩。在现实中，曼陀罗的确不好惹，全身有毒，其中果实和种子的毒性最大。人们如果不慎吃了，会出现许多不适症状，严重的还有可能昏睡、痉挛甚至死亡。曼陀罗的叶子和种子有甜味，很容易被小朋友误食，所以我们千万要小心。

断肠草真的会让人断肠吗？

在中国"十大毒药"排行榜上，断肠草名列第一。这是因为断肠草的根、茎、叶都含有剧毒。人们如果不小心中了断肠草的毒，心跳和呼吸会减慢，四肢肌肉会失去控制，还会呕吐，肠子感觉像被斩断了一样剧痛。相传，神农氏尝百草时，就是因为吃了断肠草才丢了性命。

如果中了断肠草毒，该怎么办呢？

我们知道断肠草毒性非常强，那么一旦误食该怎么办呢？真的无药可救了吗？如果身边有人误食断肠草，一定要在第一时间把他送去就医。倘若时间紧迫，我们可以先给中毒的人喝些羊血或鹅血，这种方法已经被证实有一定的疗效。

猪笼草用什么捕捉昆虫？

　　猪笼草是一种喜欢吃荤的植物。在它们的叶片顶端长着像瓶子一样的东西，这种东西叫"捕虫笼"。猪笼草就是用捕虫笼设下陷阱来抓抓小昆虫的。

　　捕虫笼的口部和盖子能分泌出一种又香又甜的蜜腺，把四面八方的小昆虫引诱过来。昆虫来到笼口时，常常会一下子滑进笼里，这时笼盖会自动合上，不让它们逃出来。捕虫笼的底部是个小小的"水池"，不过里面的水非常特殊，具有分解作用。过不了几天，落入陷阱的昆虫就会被统统消化掉，只剩下一个个坚硬的空壳。

跳舞草为什么会"跳舞"呢？

关于这个问题，许多植物学家认为和阳光有关，就像向日葵跟着太阳转动一样。可是也有一些植物学家认为，跳舞草身体里细胞的生长速度不一致，有的快，有的慢，这样跳舞草就会跳起舞来。还有的植物学家认为，跳舞草是为了躲避一些昆虫的侵害才学会了跳舞。曾经还有实验表明，跳舞草的舞动是受到音乐的影响。在我国西双版纳植物园，就有当地少女在跳舞草边唱歌，一会儿小草顶端的叶片就会动起来。

总之，植物学家们还在不断地研究关于跳舞草跳舞的秘密，现在还无法给小朋友一个确定的答案。

21

竹子为什么长得特别快？

有的小朋友或许知道，植物之所以能长高变粗，是因为其体内分生组织细胞能够不断分裂、增大、伸长。竹子的分生组织比较特别，不但分裂能力非常强，而且分布在每一节的下部。当周围环境变得温暖湿润时，这些分生组织就会促使竹子的每一节都迅速生长。也就是说，与其他植物相比，竹子是在以成倍的速度生长的。不过，和人一样，竹子长到一定程度也就不会再长高了。

竹笋是竹子的根吗？

竹子由竹秆、竹枝和竹叶组成。在竹林里，常常有尖尖的竹笋冒出来。那么，竹笋是不是竹子的根呢？当然不是。竹子的根是地下茎，横着生长在地下，而竹笋只是竹子的地下茎上长出的幼芽。等它钻出地面就变成了竹笋，再慢慢长大，就变成竹子啦！

为什么很少看到竹子开花？

竹子和普通的开花植物不同，不会每年都开花，大部分生长十几年、几十年才会开花，还有的生长上百年才会开花。对于大部分竹子来说，开花意味着死亡——只要开了花，它们多会很快死去。所以，竹子不会轻易地开花。

荷叶为什么总是一尘不染？

　　我们只要仔细观察就会发现，绿绿的荷叶总是特别干净。为什么会这样呢？难道荷叶有什么特异功能吗？事实的确如此。科学家研究发现，荷叶表面布满许多微小的乳突。这些乳突就像一个个小山包似的，"小山包"之间的凹陷部分充满空气。当豆大的水滴落下来时，"小山包"阻挡了水滴和荷叶的直接接触。于是，水滴就会在荷叶上滚来滚去，将脏脏的灰尘吸走。现在你知道荷叶为什么那么干净了吧？

莲藕身上为什么有很多小孔？

折断或切开莲藕，我们会发现里面有许多小孔。这些孔是从哪儿来的呢？原来，莲藕是莲生长在水底泥沙中的地下茎，可是，水底的泥沙中空气很少，植物的生长又离不开空气，所以生长在水中的植物总会想出独特的办法来呼吸空气。

莲藕在身体里长出小孔，这些小孔是空气通道，专门负责将空气传给须根，须根再把空气输送到莲的全身。只有呼吸到充足的空气，莲才能健康地成长。

莲子为什么是寿命最长的种子？

莲子是莲的种子。一般来说，植物种子能维持15年以上的生命力就算是长寿了，但莲子却可以存放上千年也不腐烂。在合适的条件下，它们还会发出嫩芽，开出美丽的莲花，所以莲子被称为"寿命最长的种子"。

25

为什么紫茉莉会被称为"晚饭花"？

    漂亮的紫茉莉大多在傍晚到清晨这段时间开放，这时正巧是煮饭的时间，所以紫茉莉又被称为"晚饭花"。它们为什么会朝开暮合呢？紫茉莉喜欢温暖，但却抵挡不住强光。所以，白天它们总是一副紧紧闭合的样子。到了傍晚，阳光不那么强烈了，它们就会静静地开放。

玫瑰为什么会长刺？

许多植物的枝条或茎上长着尖利的刺，其实这是植物为了适应生长环境而专门长出来的防御武器。漂亮的玫瑰枝干上长出刺，就是在警告食草动物："不要吃我呀！我的刺会把你们的嘴巴扎出血。"那些食草动物因为害怕被刺弄伤，只好去找别的食物。

27

藤萝为什么能"杀死"树木？

藤萝是一种缠绕藤本植物，喜欢攀缠在树木上生长，因为长得特别快，所以用不了几天就能把树木严严实实地包裹起来。随着树干越长越粗，藤蔓会越缠越紧，最终把树皮中用来输送养分的一条条"管子"切断。同时，藤萝茂盛的叶子还遮住了阳光，使得树木既无法从土壤中吸取养分，也无法通过阳光获得养分，最终渐渐枯死。

无花果有没有花呢？

其实，无花果不仅有花，而且花朵的数量非常非常多。

我们平时吃的无花果并不是真正的果实，而是无花果的花托膨大形成的肉球，无花果的花便藏在肉球里。把肉球切开，用放大镜观察，我们就可以看到肉球里有无数的小球，小球的中央有孔，孔里长着微小的花。所以，无花果是有花的，只是它们的花隐藏得太巧妙，人们很难发现。

为什么爬山虎能沿着墙向上爬？

爬山虎没有脚，却能像壁虎一样在墙壁上爬行，这是为什么呢？原来，爬山虎的茎上长着一排排像刷子一样的短须，短须上长着吸盘，吸盘可以分泌出黏液。有了这样的"卷须脚"，爬山虎就能紧紧地贴在墙壁上自由地爬行了。

芦荟为什么可以让人变漂亮？

芦荟被称为植物界的美容师，是因为芦荟中含有丰富的水分和营养物质。经常用芦荟涂抹脸、手或身体，不仅能清洁皮肤、保持皮肤湿润，还能淡化脸上的色斑，延缓皮肤的衰老。所以，芦荟是一种可以使人变得漂亮的植物。

芦荟除了用来美容，有些品种还能食用。最神奇的是，如果身体上有伤口，也可以涂抹芦荟，能使伤口尽快结痂、痊愈。

水仙为什么能生长在水里？

植物不是都长在土壤里吗？为什么把水仙放在水中，其根部不会腐烂，反而还长得那么健康呢？其实，奥秘就在水仙的鳞茎里。

在水中养的水仙，是从鳞茎发育而来的。不过，这种鳞茎非常特殊。当它们还很小的时候就会被挖出来，放在通风阴凉处，一直等到秋季再种植。这样反复进行 3～5 年，它们才能长成真正成熟的鳞茎。这时，鳞茎里已经储存了足够的养分，不需要再从土壤里吸收，所以即使被栽培在水里，它们也能开出美丽的水仙花。

什么花臭臭的？

大王花开放后会散发出一种强烈的臭味。蝴蝶、蜜蜂都不愿意理睬它，只有苍蝇、甲虫等喜臭的昆虫来为它传粉。人如果离得太近，简直能被熏得晕过去。

大王花是世界上最大的花，花瓣有几十厘米长，厚约1.4厘米，花的中央部分甚至可以坐下一个小孩。这么大的花朵开放时，可以想象，臭味一定非常强烈。

蜡梅为什么在冬天开花？

很多植物在春天和夏天开花，可是蜡梅却偏偏等到寒冷的冬天才会绽放，真是与众不同啊！其实，这是因为花儿们有不同的生长季节和开花习惯。比如蜡梅，它们不怕寒冷，0℃左右是最适合它们开花的温度，所以它们才会在冬天开放。

百岁兰的叶子为什么不会枯萎？

百岁兰生长在非洲沙漠，一生只有两片叶子。它们的叶子基部各有一条生长带，生长带里的细胞有一种分生能力，可以不断地产生新的叶片组织。百岁兰的叶子前面的刚老去，后面又会长出新的，因此总是给人一种永远不会枯萎的感觉。

另外，百岁兰的叶片中含有许多特殊的吸水组织，能够吸取空气中的少量水分。这样，叶子就不怕干旱，可以更健康地成长。

什么是？

地衣小小的，常常密集地长成一片。它们是低等生物的一类，是藻类与真菌的共生联合体，而不是植物。岩石上、沙漠里、树皮上常常能看见它们的身影。不仅如此，有的地衣还长在寒冷的南极和北极。常见的地衣有老龙皮、网肺衣、雀石蕊、石耳、树花、绿树发、长松萝、风滚地衣等。

为什么地衣的生命力很强？

地衣拥有很强的生命力，不仅能在超寒冷地带生活，还能在非常炙热的地带生活。这和地衣的身体结构有关。

地衣是由真菌和藻类"合伙"组成的。真菌负责吸收水分和无机物。藻类呢，因为含有叶绿素，所以可以吸收阳光进行光合作用，制造养料。真菌和藻类互相帮助，使得地衣拥有很强的生命力。

树木

　　小朋友，"树木家族"也有很多成员。它们有的高大粗壮，有的坚硬如钢，还有的拥有一身绝佳的生存本领……那么，这些树木独特的"外衣"以及生存智慧的背后蕴含着哪些科学道理呢？让我们一起看一看吧！

为什么树木大多比草高？

树木的茎非常坚硬，可以承受很重的重量。它们不会被树冠压垮，一般也不容易被大风吹折，所以树木可以长得很高。草的茎非常柔弱，不能支撑太多的重量，所以草大多非常矮小，很少有比树高的。

年轮是怎样长出来的?

　　一些高大的树木被砍伐后,人们会看见茎干里有许多圈圈,这些圈圈就是年轮。年轮是树木在生长过程中受季节影响形成的,一年产生一圈。树木在温暖多雨的季节生长速度很快,细胞大、排列松,年轮颜色就比较浅;在寒冷少雨的季节,树木生长速度变慢,细胞小、排列紧密,颜色就比较深。这样一深一浅地排列起来,就形成了年轮。我们可以通过年轮判断植物的年龄和它在某一年生长环境的好坏。

叶子为什么有叶脉?

　　植物通过根系吸收土壤中的水分和养料,然后慢慢地把这些物质输送到身体的各个部分。为了输送养料,像动物长有血管一样,植物的身体里也长有许多细细的管子。这些细小的管子埋藏在树木里面,平时是看不见的。到了叶子这里,这些细小的管子就变得更加细小且有分支,也就是我们所说的叶脉。另外,叶脉还有支撑叶子的作用呢!

炎热的夏天，为什么树荫下比较凉爽？

夏天气温很高，人们总是喜欢坐到树荫下乘凉。这不仅是因为树冠可以挡住阳光，还因为在阳光的照射下，树叶叶片上的气孔打开，会不断地散发出水分，就像在洒水一样。然后，蒸发出的水分会变成气体。在这个过程中，水分会吸收很多热量，这样周围空气的温度就会下降。所以，树叶越茂盛的树荫下，人们就会感到越凉快。

38

为什么秋天树叶会凋落？

秋天来了，日照时间一天天缩短，叶子无法吸收到足够的阳光，光合作用就会不断减少，这样树木就无法获得充足的养分。为了自我保护，安全越冬，树木需要冬眠，于是杨树、槐树等许多阔叶树就需要落叶，以减少养分和水分的消耗。

凋落的树叶为什么消失不见了？

秋天的森林里，树叶铺了一地，可是等到第二年春天，它们竟然消失不见了。咦，这是怎么回事呢？原来，森林里居住着数不清的微小生物，比如千足虫、蚯蚓等。这些小家伙是"森林清洁工"，专门负责清理动物的尸体、粪便和枯死的植物。它们可以在很短的时间里将一堆落叶变成松软的腐殖土。腐殖土是一种很肥沃的土壤，含有丰富的氮、钙、磷。植物吸收了这些营养物质，可以长得更茂盛。

45

为什么叶子在秋天会变色？

秋天到了，植物的叶子有的变成了红色，有的变成了黄色，还有的变成了褐色，远远望去，非常漂亮！那么，植物的叶子为什么会变色呢？这是因为植物的叶片里除了含有叶绿素，还含有胡萝卜素、类胡萝卜素、叶黄素等。只是春夏季，叶子里的叶绿素很多，把其他颜色都遮盖住了。而秋天时，叶片里的叶绿素减少，其他色素就显现出来，于是叶片的颜色就会变得多姿多彩。

为什么有的植物冬天也是绿绿的？

寒冷的冬天来了，很多植物的叶子凋落了，但松树和柏树等植物却一直穿着"绿衣服"，看起来一点儿也不怕冷。你知道这是为什么吗？告诉你吧，这些常绿植物的树叶非常特别，不仅叶面小小的，而且叶面还有一层蜡质，这样叶子里的水分就不会被蒸发掉，所以它们在冬天也是绿绿的。

植物也有血型吗？

小朋友，我们的血液是有血型的。只要检测血液，就能知道自己的血型。植物虽然没有红色的血液，但是它们含有汁液。这些汁液有的是透明的，有的呈乳白色，有的与人体的血液一样为鲜红色……科学家研究之后发现，植物和人一样，也有A、B、O、AB型的"血型"。不过，"植物血型"是通俗的说法，科学地说，应该是"植物体液液型"。

为什么海边的植物很少？

　　植物想要茁壮地生长，就得在土壤中扎根，从而吸收水分和养分。可是，海岸边的土壤大部分由沙粒组成，沙粒很容易流动，无法贮藏水分、营养，不能满足植物的生长需要。再有，海水的盐碱度很高，海边的风浪大，也不适于大多数植物的生长，所以能在海岸边生长的植物很少。

为什么有些植物能在海边"落户"？

　　海边的土壤条件不佳，一般的植物很难在这里顺利生存下来。不过，你要知道植物王国里可是"藏龙卧虎"呢！像椰子树、棕榈树、红树和大米草、碱蓬草等既不怕风又耐盐碱的植物就可以在海边"落户"，并且生活得很好。

为什么海边植物
会向着大海生长？

　　我们只要仔细观察就会发现，海边的植物大都是向着海洋生长的。它们生来就是歪着"身体"的吗？当然不是。这是因为植物靠近海边那侧的根基长期受海水冲刷以及大风侵袭，比另一侧要"松垮"得多。除此之外，椰子树躯干倾向大海，有助于果实成熟之后直接落入海里，海水可以帮助它们到适宜的海滩上安家落户，繁殖出新的一代。日积月累，这些植物就会慢慢长歪，变成一副要"奔向大海"的样子。怎么样，自然的力量很神奇吧？

热带雨林为什么被称为"地球的肺"？

热带雨林是地球赐给人类的宝贵资源。它就像是一个巨大的"空气净化器"，不断地吸收着二氧化碳，为人类和动物们制造着氧气。据统计，仅亚马孙热带雨林产生的氧气量就占全球氧气量的三分之一，可见热带雨林的作用有多么重要。因此，热带雨林被称为"地球之肺"。除了制造氧气，热带雨林还有调节气候、防止水土流失等许许多多的功能。

树干上为什么会长出植物？

在热带雨林里，有一些植物非常奇怪，它们不在土壤中生长，而是"借住"在高大的树干上，比如凤梨、部分兰花、鸟巢蕨等。原来，雨林植物生长繁茂，地面几乎晒不到太阳，为了更多得到阳光，吸收养分，这些植物便纷纷将"家"搬到了阳光比较充足的大树上，成了"空中居民"。

这些"借住者"很善良，都是自己从水汽、雨露、腐败的枝叶、动物粪便和尸体中吸收水分、养分以维持生活，很少向"房东"索取营养物质。

热带雨林分布在哪里？

　　你知道神秘的热带雨林分布在哪里吗？告诉你吧，它们多分布在赤道附近的热带地区。那里气候炎热，雨量充沛，季节差异不明显，树木等植被生长得非常茂盛。现在，全球已知的热带雨林主要分布在东南亚、澳大利亚北部、非洲刚果河流域、南美洲亚马孙河流域、中美洲以及很多太平洋岛屿上。

波巴布树为什么被称为 "沙漠水塔"？

　　波巴布树也叫 "猴面包树"，生长在炎热干旱的非洲等地。它们有超强的储水功能，据说湿季时那粗壮的身躯一次可以贮存多达 2 吨的水！你若去非洲沙漠中旅行，恰逢身上没有了水，如果这时能遇见波巴布树那就太幸运了。只要用小刀在树身上划一道小口子，清清的 "泉水" 就会喷涌出来，你就可以自由快乐地畅饮一番了。所以说，波巴布树不仅是 "沙漠水塔"，还是 "生命之树" 呢！

什么树的种子是世界上最大的？

有一种叫复椰子的树木，生长在旅游胜地——塞舌尔的普拉兰岛上。复椰子树非常有名气，因为它们的果实大得出奇。站在远处看去，树上就像挂着一个个大箩筐。果实中的果核也是世界上最大的种子，重达 15 千克。

什么树是森林家园里的"巨人"？

杏仁桉树生长在澳洲，被认为是世界上最高的树。杏仁桉树的树干直插云霄，一般高达百米。其中，有一棵杏仁桉树竟然高达156米，比美洲的巨杉还要高，这也是人类到现在为止知道的最高的一棵树。如果一只鸟儿在桉树的枝头上唱歌，在树下听起来，小鸟的声音就像是蚊子的嗡嗡声一样小！

铁桦树为什么很硬？

铁桦树的"身体"非常坚硬，是世界上最硬的木材。如果用刀在铁桦树的树干上划几下，几乎不会留下什么痕迹；即使人们用子弹射击，树木也会像厚厚的钢板一样，纹丝不动。铁桦树这么坚硬，到底是什么原因呢？其实，奥秘就在其木质部。铁桦树的木质部密度大，非常致密、坚硬，从而产生了很强的支撑作用，甚至可以将射来的子弹反弹回去。所以，人们有时还用铁桦树做金属的替代品呢！

世界上有可以通过汽车的树吗？

生长在美国加利福尼亚的巨杉长得又高又壮，堪称"树中之王"，人们给它起了一个非常亲切的名字——"世界爷"。巨杉非常粗壮，最粗的直径可达 12 米。有人在一棵巨杉的树干上凿了一个隧道，结果一辆小汽车可以安全通过，没有一点阻碍。这真是不可思议啊！

紫薇树为什么"怕痒痒"呢?

　　紫薇树长大后，树干的外皮会自动剥落，露出光滑的内部树干。这时你用手碰它，哪怕只是轻轻地抚摸，紫薇树都会立刻浑身颤抖，摇晃起来，有时还会发出轻轻的"咯咯"声。

　　这种"怕痒痒"的现象实在令人称奇！那么紫薇树为什么会"怕痒痒"呢？　有人认为紫薇树的树干里含有一种特殊物质，这种特殊物质可以感知外界的刺激；也有人认为紫薇树的树冠很大，"头重脚轻"，比较容易摇晃；还有的人认为这是植物本身生物电作用的结果……迄今为止，这个问题仍然没有定论。小朋友，如果有机会，你也可以去研究一下哟！

木棉树为什么被称为"英雄树"?

　　木棉树也叫"英雄树"。你知道其中的缘由吗?其实,这与它的外形和火红的花朵有关。木棉树身姿挺拔,花开时红如烈焰,凋零时决然洒脱,就像那些抛头颅洒热血的革命烈士。人们觉得木棉的身上有一股英雄气概,所以才会称赞它为"英雄树"。

有会发光的树吗？

在非洲生长着一种会发光的树，人们叫它照明树，这种树有一种特殊本领，那就是能吸收土壤里的磷质。这些磷质进入树叶后，会释放出磷化氢气体。磷化氢气体燃点很低，在空气中很容易燃烧起来，并发出淡蓝色的火焰。所以，在晴朗无风的夜晚，灯笼树上常常会点起一盏盏"蓝色路灯"。 怎么样，照明树的本领是不是很神奇啊？

树皮里黏黏的东西是什么？

真奇怪，有的树木居然会"哭"！瞧，树皮里不停地流出来"眼泪"。摸一摸，呀，真黏！其实，这可不是眼泪，而是树脂。树脂是一种宝贝，不仅能保护树木，还能治愈树木的"伤口"呢！另外，树脂还能被加工成香料和涂料，成为人们日常生活中不可或缺的物质资源。

果树为什么要经常修剪？

和普通树木相比，果树的枝条长得特别快，枝叶也很多。如果不经常修剪，阳光就很难照晒到果子，这样果子就不能更好地长大，也不容易成熟。另外，枝叶密不透风，还容易滋生病虫害，导致果树生长不良，造成果树结果一年多、一年少的现象。所以，果树要经常修剪。

为什么说樱桃树很娇弱？

樱桃树就像一个贵妇人，十分娇贵和柔弱。它怕冷又怕热，温度必须刚刚好，浇水过多或过少都会影响生长。所以，虽然樱桃很好吃，但是如果环境不适宜，樱桃树就较难成活。

果实熟透后为什么会掉下来？

果实成熟后，如果不及时采摘，大部分会自己落地。这是因为果实的"任务"就是保护和传播种子，保证种子在适于生存的环境中生根发芽，长出新的果树。为了繁殖后代，当果实成熟后，果柄上的细胞开始衰老，在果柄与树枝相连的地方形成一层"离层"。"离层"就像一道屏障，能隔断果树对果实的营养供应。这样，无法吸收到养分的果实在地心引力的作用下，就会纷纷掉落下来。

为什么茶树大都生长在南方？

许多人喜欢喝茶，比如龙井、碧螺春、铁观音等。这些茶不仅在中国，在世界上也很有名气。可是，茶树大都生长在南方。为什么呢？这是因为南方气候温暖，空气湿润，很适合茶树生长。另外，南方的山区和半山区大多是微酸性的土壤，能给茶树提供其所需要的营养物质。所以，茶树喜欢在南方安家落户。

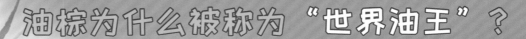

油棕为什么被称为"世界油王"？

农作物大豆、花生、芝麻、向日葵都是著名的油料作物，不过它们和油棕相比，就有些逊色了。油棕是一种生长在热带的油料作物，果肉、果仁含油量都特别高，一株油棕每年可以生产30~40千克油。所以，油棕一直被人们亲切地称为"世界油王"。

油棕的果实长什么样子？

油棕的果实特别有趣，总是成串地"躲藏"在坚硬的叶柄里面，好像在玩躲猫猫游戏。这种果实刚长出来时大小像蚕豆，表皮光滑，是绿色或深褐色的。成熟后，它们的颜色会慢慢变成黄色或红色。

红树是怎样繁殖的？

红树是一种生长在热带、亚热带海湾淤泥里的树木。它们的种子不通过风和动物传播，而是安静地待在树上发芽。当小芽长成幼苗，并生出茎和叶时，它们便纷纷从树枝上脱落，掉入淤泥中，将根扎入土壤生长，直到慢慢地长成一株株新的红树。

红树林里居住着哪些"居民"？

红树林聚集生长，形成一片片大大的红树群，而在它们树根和树枝构成的小王国里，居住着许多有趣的居民。

有一种奇怪的鱼居住在红树周围，它们可以离开水生活，并且行动起来非常迅速，所以又被称为"善走的鱼"，它们就是弹涂鱼。同时，许多虾和螃蟹也看中了这些地方，纷纷搬迁到红树旁产卵或者寻找食物。

胡杨有什么特殊的生存本领？

　　沙漠气候干旱，生存环境非常恶劣，只有很少的植物才能存活下来，胡杨就是为数不多的植物之一。那么胡杨有什么特殊的生存本领呢？胡杨不但能抗热、抗旱、抗盐碱，还能抗风沙。它们能忍受 45℃的高温，也能抵抗 -40℃低温的侵袭。拥有这么顽强的生命力，难怪它们的树龄可达 200 年呢！

为什么珙桐树被称为"鸽子树"？

珙桐树是我国特有的珍稀树种。它们的花非常奇特，花序好像鸽子头，两片白色的大苞片就像鸽子的翅膀，远远望去，好似树上停满了白色的鸽子。所以，人们又把珙桐树叫作"鸽子树"。

什么是沙漠绿洲？

沙漠炎热干旱，很长时间也不下雨，但这并不表示沙漠是一片不毛之地。在沙漠中有水源的地方，也会长出绿绿的水草和胡杨、红柳树等，形成植物丰美的绿洲。人们在绿洲旁不仅能建造房屋居住，还能种植庄稼、栽培果树呢！这就意味着，沙漠里也有适合人类生活的地方。

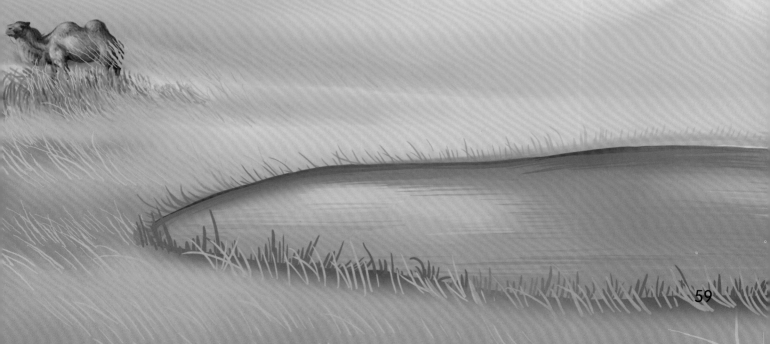

没有了森林，
人们的生活会发生哪些变化？

现在，很少有人居住在森林里，所以人们总觉得森林和自己的生活没有太大关系。其实，森林是"地球之肺""天然氧吧""天然水库""绿色长城"和"野生动植物天堂"。时时刻刻在影响人类的生活。现在，我们就来看看，当一片森林被砍伐后，人们的生活会有哪些变化。

如果森林没有了，地球的生态平衡就会遭到严重破坏，一旦森林制造的氧气减少，二氧化碳等气体就会增加，将形成"温室效应""海平面上升"，使气候产生异常和严重灾害；如果森林没有了，野生动植物失去赖以生存的家园，将受到濒临灭绝的威胁；如果森林没有了，大地失去了"天然水库"和"绿色长城"的保护，将会导致洪水旱灾频发，造成荒漠化、泥石流、沙尘暴等严重的地质、气象灾害，更直接威胁到人类的生产生活和家园，威胁到人类的生存。

瓜果蔬菜

梨子为什么长满"雀斑"？西瓜皮上为什么有一条条花纹？辣椒为什么那么辣呢？……这一章节，我们将带小朋友去瓜果蔬菜的世界看一看，让你熟知它们身上的科学奥秘。那就请你准备好"智慧收纳袋"，我们一起出发吧！

香蕉为什么长得像月牙儿？

香蕉弯弯的，黄黄的，看起来就像天上的小月牙儿。它们为什么长成这个样子呢？原来，香蕉总是成串地长在一起，有时一串有十几个，这样阳光就没办法均匀地照射到每根香蕉上。为了获得更多的阳光，香蕉们都努力地朝阳光的方向长啊长，于是就长成肚子朝外凸起来的弯弯的样子。

香蕉有种子吗？

香蕉是一种开花植物，也会开花结籽儿。野生的香蕉里有一粒粒很硬的种子，吃起来很不方便。后来，人们把野生香蕉进行了培育，改造成了现在我们吃的香蕉。把香蕉竖着切开后，你会发现里面有一排排褐色的小点，其实那就是香蕉的种子。只不过经过人工培育后，如今香蕉的种子已经退化得很小很小了。

为什么不能把香蕉放在冰箱里？

　　大部分水果能放进冰箱里冷藏保存，可是香蕉却不可以。这是因为香蕉是一种热带水果，非常怕冷，如果在冰箱里很容易被冻伤：黄色的表皮上出现黑褐色的斑点，用不了几天，里面的果肉也会变成褐色，甚至腐烂变质。

　　另外，香蕉被摘下来后还在进行呼吸。当温度在13～16℃之间时，香蕉通过呼吸可以让自己更加成熟、美味。如果放入冰箱，香蕉就会停止呼吸，那些略生的香蕉不仅无法成熟，还会变得口感较差。

63

梨子为什么长满"雀斑"？

　　黄灿灿的梨子真好看，可是却布满黑黑的小斑点。梨子为什么会长"雀斑"呢？
原来，梨子的表皮有许多呼吸孔，在阳光的照射下，呼吸孔会慢慢沉积许多色素，
这样就逐渐形成了"雀斑"。

　　这些"雀斑"虽然不好看，却能防止梨子里的水分蒸发和流失，可以帮助梨子
更加爽口多汁。

苹果切开后
为什么会变色？

苹果被切开或咬下一块后，白色的果肉很快就会变成褐色，就像敷了一层铁锈似的。这是因为苹果里含有酚类物质。当苹果被切开或者咬开，酚类物质在酶的作用下与空气发生一系列氧化反应，于是苹果肉就逐渐变成褐色。

另外，土豆、桃子、茄子、梨等果蔬切开后，也会发生氧化反应，改变颜色。

65

猕猴桃为什么可以被称为"水果之王"？

猕猴桃因为表皮覆盖着一层毛，很像猕猴，所以人们就给它们起了这么个名字。猕猴桃还有一个名字叫"奇异果"。这是因为它们不仅长得很奇怪，而且含有的营养物质更是令人惊奇。

猕猴桃含有丰富的维生素、纤维素和许多不常见的营养成分，这是大部分水果无法相比的。其中，维生素C的含量是苹果的10多倍。每人每天只要吃一个猕猴桃，就能满足身体一天对维生素C的需求。

老年人吃猕猴桃可以保护心脏；儿童和青少年吃猕猴桃可以促进生长发育；爱美的女士吃猕猴桃减肥又美容。营养这么丰富又全面的水果当然应该是"水果之王"。

菠萝吃多了，为什么嘴巴里麻麻的？

　　菠萝清脆酸甜，是一种非常好吃的水果。不过，菠萝吃多了嘴巴里会麻麻的，这是怎么回事呢？原来，菠萝里含有一种叫菠萝蛋白酶的物质，会分解人体内的蛋白质，而且对人们的口腔黏膜和嘴唇表皮有刺激作用。如果吃多了，刺激就会增加，这时嘴巴里就会感觉麻麻的。

为什么要将菠萝在盐水里泡一泡再吃？

　　菠萝里含有的菠萝蛋白酶容易让人们的嘴巴发麻。如果食用过多的话，人们会出现过敏甚至中毒的现象。所以，吃菠萝的时候最好先削皮、切片，放在盐水里浸泡一会儿。盐水能够破坏菠萝蛋白酶的内部组织，使它丧失致敏和放"毒"的本领。另外，盐水可以分解菠萝里的有机酸，使菠萝吃起来更甜。

67

西瓜为什么长着"肚脐眼儿"？

瞧，每一个西瓜的顶端都有一块椭圆形的"疤痕"，有的大一点，有的小一点，远远看去，就像人们肚皮上的"肚脐眼儿"。其实，这些"疤痕"是西瓜花瓣脱落后留下的印记。花儿凋谢、脱落后，就会在西瓜上留下印记。

许多水果的顶端都有"肚脐眼儿"，比如苹果、葡萄、柚子等。

西瓜皮上为什么有一条条花纹？

我们如果仔细观察，就会发现很多西瓜上有一道道绿色的波浪形花纹。这些花纹真是漂亮极了！让人奇怪的是，面向太阳一侧的花纹颜色深，比较稀疏；面向土壤一侧的花纹则颜色浅，比较密。现在，人们普遍认为西瓜长出花纹是其适应生长环境的结果，这样它们能把自己和周围的环境巧妙地融合起来，以保护自身安全。

草莓的皮肤上为什么有许多小洞洞？

草莓不仅长得好看，还很好吃呢！它们酸甜可口，芳香宜人，被人们亲切地称为"水果皇后"。可是，草莓的表皮上为什么会有那么多的小洞洞呢？这些呈螺旋状有秩序地排列着的小洞洞里其实长着草莓的种子，而我们平时吃的只是草莓的花托。把种子长在果实的外面，这正是草莓奇特的地方。

9

豆角家族有哪些成员？

　　用豆角做出的各种美食，相信是许多小朋友喜欢的食物。可是，豆角却时常有不同的名字：扁豆、荷兰豆、四季豆……该怎么认识它们呢？其实，我们听到的这些名字都是庞大豆角家族的成员，豆角家族的成员有很多，扁豆、荷兰豆、四季豆、豇豆、蛇豆、油豆、刀豆……它们各有风味，且都有丰富的营养，小朋友们，记住它们了吗？

玉米为什么会长胡须？

　　玉米果实的顶端会长出一撮长长的须，就像老爷爷的胡须。这是因为玉米的雄花和雌花不长在一起，雄花长在茎的顶端，雌花长在茎间，也就是叶腋。当雄花的花粉落到雌花上，受精的雌花就会长成玉米粒，而花丝就成了我们见到的胡须。

冬瓜是冬天出生的吗？

冬瓜是葫芦科中的"大哥大"，比南瓜、香瓜可大多了，而且果肉肥厚多汁，含有丰富的蛋白质、糖类、胡萝卜素、维生素、粗纤维等，很受人们的喜爱。不过，它们叫"冬瓜"可不是因为它们是在冬天出生的，而是因为冬瓜在成熟时，表皮上会有一层白粉，看起来就像是冬天地面上结的霜，所以人们就称它们为"冬瓜"了。

辣椒为什么那么辣？

　　辣椒的故乡在遥远的南美洲，传入我国只有几百年的时间。辣椒形状多变，成熟后大部分为红色，有的为黄色或绿色。辣椒中含有辣椒素，所以人们吃时能被辣得流眼泪。辣椒产生辣椒素来防止食草动物啃食辣椒的种子。

　　辣椒虽然很辣，但维生素 C 的含量非常高。吃辣椒还能增强食欲，促进消化。所以，辣椒深受人们的喜爱。